MW01126546

 VISTA®
HIGHER LEARNING

 SANTILLANA USA

© De esta edición: 2020, Vista Higher Learning, Inc.
500 Boylston Street, Suite 620.
Boston, MA 02116-3736
www.vistahigherlearning.com
www.loqueleo.com/us

© Del texto y las ilustraciones: 2006, Geoff Waring

Título original: *Oscar and the Frog: A Book about Growing*
Publicado bajo acuerdo con Walker Books Limited, London SE11 5HJ

Dirección Creativa: José A. Blanco
Director Ejecutivo de Contenidos e Innovación: Rafael de Cárdenas López
Editora General: Sharla Zwirek
Desarrollo Editorial: Lisset López, Isabel C. Mendoza
Diseño: Paula Díaz, Daniela Hoyos, Radoslav Mateev,
 Gabriel Noreña, Andrés Vanegas
Coordinación del proyecto: Brady Chin, Tiffany Kayes
Derechos: Jorgensen Fernandez, Annie Pickert Fuller
Producción: Oscar Díez, Sebastián Díez, Andrés Escobar,
 Adriana Jaramillo, Daniel Lopera, Daniela Peláez
Traducción: Isabel C. Mendoza

Óscar y la rana: un libro sobre el crecimiento
ISBN: 978-1-54332-971-1

Published in the United States of America

1 2 3 4 5 6 7 8 9 KP 25 24 23 22 21 20

Para Poppy y Finn
G. W.

El autor y la editorial agradecen a Sue Ellis, del Centro para la
Alfabetización en Educación Primaria (Reino Unido), y a Martin Jenkins
por su invaluable contribución y guía durante la creación de este libro.

Óscar

y la

rana

Un libro sobre el crecimiento

Geoff Waring

Un día de primavera, Óscar vio en el estanque unas criaturas que no había visto antes. Una rana salió del agua de un brinco.

—Son renacuajos —dijo la rana—. Yo también era un renacuajo antes de crecer.

Óscar se quedó mirando a la rana. No se parecía en nada a un renacuajo.

—¡No seas tontita, rana! —le dijo Óscar, riéndose.

—Es cierto —dijo la rana, y le contó a Óscar cómo crecen las ranas—. Al comienzo, me veía como un punto dentro de un huevo. El huevo era blando, como gelatina.

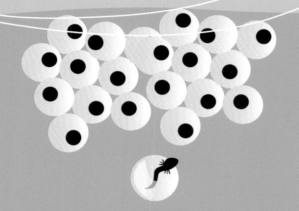

Crecí dentro del huevo hasta que lo rompí y salí, serpenteando como un renacuajo.

Gracias a mis branquias, podía respirar debajo del agua como los peces.

Salí con ganas de comer muchas algas, que me ayudaron a crecer.

Después, mis branquias desaparecieron y me salieron pulmones. Con ellos pude respirar aire. Me crecieron las patas traseras,

luego las patas delanteras, y mi cola comenzó a encogerse.

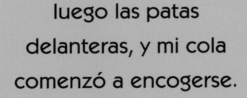

Al cabo de tres meses, me convertí en una ranita. Empujándome con mis nuevas patas, salí del agua para vivir en la orilla del estanque.

—¿Qué otros animales salen de un huevo? —preguntó Óscar.

Miraron hacia el estanque. La rana señaló unos huevos que había debajo del agua.

Muchos caracoles de agua ponen sus huevos en bolsas de gelatina que depositan sobre piedras o plantas.

Con frecuencia, las libélulas ponen sus huevos en tallos de plantas que están debajo del agua.

Los peces ponen muchos huevos. La perca los enrolla en tiras largas alrededor de plantas, ramas o piedras.

Miraron hacia la orilla,
y la rana le mostró a
Óscar huevos que otros
animales habían puesto
en lugares secos.

Muchos tipos de mariposas
ponen sus huevos en el revés de
las hojas de una planta. Cuando
las orugas salen de los huevos,
se comen las hojas.

Muchas aves ponen sus huevos en nidos que hacen en lo alto, por lo regular en árboles. Allí los polluelos estarán a salvo de cualquier animal que quiera comérselos cuando rompan el cascarón.

Los patos, con frecuencia, hacen sus nidos en el suelo, cerca del agua, para que sus crías puedan huir del peligro nadando.

—¿Las plantas salen de huevos?
—preguntó Óscar.
—No —dijo la rana—. La mayoría de las plantas germinan de semillas. Cada planta produce sus propias semillas.

Las semillas de los manzanos están dentro del fruto.

Las pequeñas semillas de los fresales están en la parte de afuera del fruto.

Las diminutas semillas de la amapola son tan livianas que el viento se las lleva.

La mayoría de las semillas maduran sobre la tierra. Las semillas del cacahuate, sin embargo, crecen debajo de la tierra.

Los cocos son las semillas de las palmas cocoteras. Son enormes y flotan.

—¿Yo salí de un huevo o germiné de una semilla? —preguntó Óscar.
—Ninguna de las dos —dijo la rana—. Tú naciste. Cuando saliste de
tu mamá, eras muy parecido a como te ves ahora, solo que
más pequeño. Ya tenías pelo, patas, orejas y cola.
¡Y muchas ganas de tomar leche de tu mamá!

—¿Por qué tenía ganas de tomar leche? —preguntó Óscar.

—Porque la necesitabas para crecer —dijo la rana—.
Leche para ti, algas para mí...,

hojas para las

orugas...

e insectos para los polluelos. Todos necesitamos alimentos diferentes para crecer.

17

Óscar se estiró.

—Ya soy *muy* grande —dijo.

—Pero todavía vas a crecer
más —le aseguró la rana.

—¿Tú también? —preguntó Óscar.

—No. Yo ya he parado de crecer.

—¿Cuánto tiempo toma crecer?
—preguntó Óscar.
—Depende. Esta flor alcanzará su tamaño máximo en unos pocos días…,

pero este pequeño árbol no llegará a ser alto hasta que seas un gato muy viejo —dijo la rana.

—Los polluelos serán tan grandes como sus padres en la próxima primavera —continuó la rana—, pero los renacuajos tardarán tres primaveras en tener mi tamaño. Cada ser vivo se toma su propio tiempo.

En ese momento, Óscar vio que su mamá se acercaba.

—¿Y yo? —le preguntó a la rana—.
¿Por cuánto tiempo seguiré
siendo un gatito?

—En el invierno
ya serás un gato
adulto —dijo la
rana—. Tan grande
como tu mamá.

Óscar miró a su
mamá. Era mucho
más grande que él.

—¡No seas tontita, rana!
—le dijo Óscar, riéndose.
—Es cierto —dijo la
rana—. ¡Ya verás!

Pensemos en el crecimiento

Comienzos

Los seres vivos comienzan a vivir de diferentes maneras.

Algunos salen de huevos,

otros germinan de semillas

y otros nacen.

¿Cómo comenzaste tú a vivir? La próxima vez que des un paseo, busca seres vivos que salgan de un huevo, que germinen y que nazcan.

Comida

Todos los seres vivos necesitan comer para crecer. Requieren diferentes tipos de alimentos:

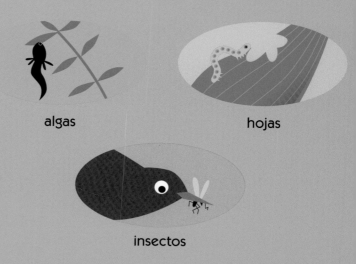

algas

hojas

insectos

¿Qué alimento te ayudó a crecer cuando estabas bien pequeño? ¿Qué comes ahora para crecer?

Crecimiento

Los seres vivos crecen a ritmos diferentes:

en unos pocos días

en unos pocos meses

en unos pocos años

en muchos años

¿Cuánto tiempo te tomará llegar a ser tan grande como tu mamá o tu papá?

Índice

Busca en estas páginas para aprender sobre estos temas relacionados con el crecimiento.

¡Óscar cree que crecer es genial! ¿Tú también?